Beate Geng

eine Mutmachgeschichte

Für meinen Moritz,
damit er stets mutig durchs
Leben schreitet.

Mombel

der Mutmacher

Beate Geng

Impressum:
Erstausgabe 2014
Neuauflage 2022
© Beate Geng für alle Texte, Bilder und Gedichte
Lektorat: Carolin Olivares
Illustrationen: Ines Gölß
Cover und Bildbearbeitung: Cover-Kiste
Herausgeber: Kelebek Verlag, Inh. Maria Schenk,
Franzensbaderstraße 6, 86529 Schrobenhausen, http://kelebek-verlag.de
Druck und Vertrieb: BoD, Norderstedt
ISBN: 9783947083480
Bibliografische Information der Deutschen Nationalbibliothek: Die
Deutsche Nationalbibliothek verzeichnet diese Publikation in der Deutschen
Nationalbibliografie; detaillierte bibliografische Daten sind im Internet über
dnb.dnb.de abrufbar.

Inhaltsverzeichnis:

Einleitung:

Und so fängt meine Geschichte an …

Der Mombel ist ein kleiner Mann.

Er kommt immer aus dem Irgendwo

und macht auch ängstliche Kinder

wieder froh …

Er macht dich stark und gibt dir Mut,

so wird am Ende immer alles gut!

Viel Spaß beim Lesen

wünsche ich dir

Beate

Der verflixte Kasten

Der kleine Paule wohnte mit seinen Eltern
und seinem großen Bruder in einem kleinen
Dorf namens Trötenheim. Das ist in der
Nähe von Dingenshausen.
Er besuchte die zweite Klasse der Grund-
schule Büffeltal.

Eigentlich war Paule ein sehr aufgeweck-
tes, frohes Kind und er ging gerne zur
Schule – wäre da nur nicht der blöde
Sportunterricht gewesen. Paule hasste
Sport. Und deshalb war er natürlich auch
nicht besonders gut. Da lief immer alles
schief.

Und das war noch nicht alles! Nee, da gab
es noch seine gemeinen
Klassenkameraden. Die machten sich
immer lustig über Paule und zogen ihn
ständig auf.

Martin sagte zum Beispiel: „Paule, Paule
stolpere nicht, sonst hast du wieder
Schrammen im Gesicht." Schon brach die
ganze Klasse in Gelächter aus. Deshalb

wünschte sich Paule nichts sehnlicher, als es ihnen allen einmal so richtig zu zeigen. Martin und den anderen sollte die Spucke im Hals steckenbleiben.

An einem Montag aß Paule mit seiner Familie zu Abend. Eigentlich hätte er super-glücklich sein müssen, denn seine Mama hatte extra Pfannkuchen für ihn gebacken. Die liebte er normalerweise über alles. Aber Paule saß mit einem mürrischen Gesicht am Tisch und stocherte im Essen herum. „Was ist denn los mit dir, mein Schatz?", fragte seine Mama.
„Nix", brummelte Paule.
Aber seine Mama ließ nicht locker.

„Na gut", stöhnte Paule, „morgen ist mal wieder dieser voll bescheuerte Sportunterricht. Wir sollen über diese dämlichen, blöden braunen Kisten – oder wie die Dinger heißen – springen. Aber meistens knalle ich gegen die Teile und haue mir die Haxen auf."

Seine Mama schaute ihn mitfühlend an und sagte: „Diese dämlichen Dinger sind Kästen. Wenn du immer sagst, dass du es nicht kannst, wird es auch nie klappen. Man kann alles schaffen, wenn man nur will."

Da brüllte sein großer Bruder Micha: „Morgen können wir den kleinen Dummkopf dann vom Holzkasten kratzen. Haha."

Da stiegen Paule die Tränen in die Augen. Erstens aus Traurigkeit, weil Micha ihn auslachte, und zweitens vor Wut. Die Tränen bemerkte Micha natürlich und rief ganz fröhlich: „Pauli ist `ne Heulsuse, Pauli ist ein Mädchen!"

Die Mama ermahnte Micha, er solle aufhören, nun auch noch zu stänkern. Dann ging sie in die Küche.

Micha rannte, dumm grinsend, in den Garten und spielte mit Charly, dem Familienhund.

Nun saß Paule alleine und traurig am Tisch. Auf einmal spürte er einen leichten Luftzug neben sich und in der Luft, nanu, da schwirrte etwas.

Mit offenem Mund, ganz starr vor Schreck saß Paule auf seinem Stuhl. Er traute seinen Augen kaum. Neben seinem Kopf schwebte so ein kleines Gespenst.

Fürchte dich nicht,
fürchte dich nicht.
Ich bin doch nur ein
kleiner Wicht.

Ich möchte dir nur Mut
einflößen
und dich bewahren vor
allem Bösen!

Paules Herz klopfte bis zum Hals. Gerne hätte er sich die Augen gerieben, um sicher zu sein, dass er nicht träumte. Aber er traute sich ja kaum, überhaupt zu atmen.

Nun schwebte das merkwürdige Ding direkt vor seinem Gesicht und sagte:

In diesem Moment kam Paules Mama aus der Küche zurück. Schwuppdiwupp! Das Gespenst verschwand so schnell, wie es aufgetaucht war.

Die Mutter schaute zu Paule und sagte: „Hey, kleiner Träumer, was sitzt du denn hier so verdutzt rum? Geh bitte hoch ins Bad und mach dich bettfertig."

Ganz in Gedanken schlurfte Paule die Treppe hoch. „Das habe ich mir bestimmt eingebildet", dachte er. „Wahrscheinlich fange ich schon an zu spinnen, aus lauter Angst vor diesem blöden Sportunterricht."

Lange, sehr lange, lag er an diesem Abend noch wach im Bett. Die unheimliche Begegnung mit diesem Monster oder was immer es auch war, ließ ihn nicht einschlafen.

Am nächsten Morgen war er natürlich noch total müde und kaum fähig, sein Frühstück runterzubekommen.

Kurz nach halb acht ging er dann mit Micha in die Schule. Der ging nämlich leider in dieselbe Schule, aber in die 4. Klasse.

Wie immer ärgerte Micha ihn. „Na, du kleiner Stinker! Soll ich nach der dritten Stunde zur Sporthalle rüberkommen und dich unterm Kasten vorschaufeln? Haha."

Paule kochte vor Wut und wünschte sich, dass dieser Blödmann auf einer anderen Schule wäre.

Die Zeit bis zum Sportunterricht verging wie im Fluge. Leider. Nun war er fällig. Er würde

sich wieder zum Gespött der ganzen
Klasse machen.

Als er von der Umkleidekabine in Richtung
Sporthalle lief, erschien das Gespenst
wieder. Schwupp … wie aus dem Nichts.

Heute wirst du es
allen zeigen.

Ich werde dich dabei
begleiten!

Ungläubig schaute Paule sich um. Alle
anderen Kinder gingen ganz normal weiter.

„Huch!", dachte er. „Vielleicht kann nur ich das Gespenst sehen."

Ganz allmählich gewann Paule den Eindruck, dass dieser lustige, kleine Kerl nur wegen ihm da war. Er nahm all seinen Mut zusammen und fragte: „Was willst du denn von mir?"

Nun schwebte das kleine Gespenst direkt

vor seinem Gesicht und sagte:

Ich bin dein
Geist, ich bin dein
Gespenst,
auch wenn du mich
noch gar nicht kennst.

Ich bin deine Kraft
und bin dein Mut.
Mit mir an
deiner Seite
wird alles gut!

Paule war hin- und hergerissen. Einerseits

wäre es ja traumhaft, wenn er nicht mehr

ganz alleine die schwierigen Dinge in seinem Leben meistern müsste.

Andererseits wusste er immer noch nicht, was er von der ganzen Sache halten sollte. Deshalb hatte er ein bisschen Angst.

„Wenn es das Gespenst wirklich gibt und meine Klassenkameraden etwas von ihm mitkriegen, dann lachen sie mich womöglich erst recht aus", kam ihm in den Sinn.

Als könnte das komische Gespenst seine Gedanken lesen, sagte es:

Außer dir kann mich niemand sehen. Vertraue mir einfach, du musst es nicht verstehen.

Es gibt Dinge im Leben, die man nicht begreifen kann. Doch dein Glaube bringt dich auch in Schwierigkeiten voran!

Ganz verstört lief Paule weiter und murmelte ungläubig: „Aha! Und woher soll ich wissen, dass du mich nicht genauso auslachst wie die anderen?"

Schon ging es los. Sein Klassenkamerad Hannes ging an ihm vorbei und sagte: „Mit wem redest du denn da, du Dummerchen?

Du führst wohl Selbstgespräche, weil du schon wieder Schiss hast, oder? Hihi."

Paule war zwar sauer, dass Hannes ihn wie immer blöd anmachte. Aber jetzt wusste er ganz genau, dass nur er das Gespenst sehen konnte. Als er die verhasste Turnhalle betrat, sagte es:

So etwas muss nicht noch einmal geschehen,

denn außer dir kann mich niemand sehen!

Ich werde immer
in deiner Nähe sein,
aber sprich nur zu mir,
wenn du bist allein ...

Ansonsten nimm nur
meine Ratschläge an,
damit es keiner je
bemerken kann!

Hm, fühlte sich so an, als müsste er die Sache so hinnehmen … als wäre dieser Quälgeist nun an seiner Seite.

Was ja nur von Vorteil für ihn war, aber das wusste Paule zu diesem Zeitpunkt natürlich noch nicht.

In der Turnhalle waren alle schon wieder damit beschäftigt, die Holzkästen aufzustellen. Davor und dahinter – immer so eine alte, übel riechende, blaue Matte. Paule fragte sich, für was. Schließlich landete er niemals auf dieser Matte. Entweder knallte er gegen den Kasten oder er riss beim Überspringen den obersten Kastenaufsatz mit. Der krachte dann auf die Matte. Paule landete immer knapp daneben.

So, Aufstellung war angesagt. Nun musste einer nach dem anderen mit Karacho losrennen und über insgesamt drei Kästen springen. Dafür wurden zwei Gruppen

gebildet. Die mit den schnellsten
Kastenspringern siegte natürlich.

Es braucht ja wohl nicht erwähnt zu
werden, dass keiner Paule in der Gruppe
haben wollte. So blieb er beim Auszählen
der Gruppen bis zum Schluss übrig. Das
war an und für sich schon Strafe genug.

Als Paule in seiner Gruppe stand und wartete, bis er dran war, zitterten ihm die Knie. Und da schwebte, wie aus dem Nichts, wieder dieser Knilch heran.

Eigentlich ist es ganz leicht, dass man stets sein Ziel erreicht.

Mit etwas Mut und Selbstvertrauen können Menschen sogar Raumschiffe bauen!

„Pah, was soll denn der Mist. Klar, du Trottel! Hätte ich einen Starfighter, könnte ich über die doofen Kästen fliegen. Dann hätte ich nach der Stunde wenigstens keine blauen Flecken an den Beinen", dachte Paule.

„Hm", überlegte Paule, „schön wäre das ja schon." Und irgendwie schien es ja so, als traute dieses kleine fremde Wesen ihm mehr zu als er sich selbst.

Natürlich war es auch nicht einfach, sich selbst etwas zuzutrauen, wenn man immer verspottet wurde, nur weil etwas nicht gleich klappte.

So, mein Freund,
du bist an der Reih.
Wünsche dir deine
ganze Kraft herbei.

Glaube an dich und renne
los,
denn heute springst
du so famos.

Paule rannte so schnell er konnte, sprang kurz vor dem Kasten ab und hatte das Gefühl, er würde fliegen … Höher als sonst … Platsch …

Gerade noch mit dem Fuß blieb er oben am Rand des letzten Kastenaufsatzes hängen. Er segelte kopfüber wie ein tollpatschiger Elefant neben die Matte, auf der er hätte landen sollen.

Anstatt des erhofften Jubels hörte er wieder das altbekannte, schallende Gelächter seiner Klassenkameraden.

Die Tränen stiegen Paule in die Augen …

Da erschien sein neuer Freund.

„Gut", sagte sich Paule. „Nun können wir ja mal testen, ob der Geist recht hat."

Er wischte sich die Tränen ab und stellte sich wieder an für die nächste Runde.

Bevor er an die Reihe kam, sagte sein Gespenst:

Glaube an dich, glaube an deine Kraft.

So haben es schon viele andere geschafft!

„Jawohl", dachte Paule, „das probiere ich jetzt. Denen werde ich es zeigen." Und er rannte, was das Zeug hielt in Richtung Kasten. Absprung …

…Huiii …

Im Flug ging es über die Kästen. Aber damit nicht genug …

Beim Landen auf der Matte legte er eine superelegante Rolle hin. Zum ersten Mal in seinem Leben auf der Matte!

Er wusste gar nicht, wie ihm geschah, als kein Gelächter ertönte, sondern eher so was:

Um dem Ganzen noch die Krone aufzusetzen, erklärte sein Sportlehrer, Herr Schellshorn, mit ungläubiger Miene: „Leute, das war der beste Sprung, den ich heute gesehen habe."

Das alles konnte Paule gar nicht fassen. Meinten die wirklich ihn? Hatte er es diesmal echt geschafft? Das war unglaublich. Dieser Supersprung, seine staunenden Mitschüler und sein perplexer Lehrer – das war das Tollste, was er je erlebt hatte. Und dieses Gefühl …!

Ganz alleine, aus eigener Kraft, hatte er es geschafft. Alle schauten ihn bewundernd an. Paule schwebte auf Wolke 7.

Als Nächstes tauchte sein Freund wieder auf, der Mutmacher, sein Geist, sein Gespenst – was auch immer. Fröhlich trötete er vor sich hin:

Sieh nur,
du hast an dich
geglaubt. Jetzt
hat dein Mut dir
die Angst geraubt.

Glaube an die Kraft
deiner Gedanken,
dann gibt es in
deinem Leben keine
Schranken!

Seine Mitschüler waren alle schon wieder
Richtung Umkleide getrabt, als Herr
Schellshorn ihm auf den Rücken klopfte
und sagte: „Also Paule, aus dir wird ja doch
noch ein Athlet." Dann lief er grinsend aus
der Turnhalle.

Und da war er wieder, der schwebende Wunderknabe.

Paule strahlte ihn an. „Danke mein Freund, wie heißt du eigentlich und wo kommst du her?"

> Sagen wir, ich bin die positive Kraft in dir.
>
> Ach und sag einfach MOMBEL zu mir!

Pfff … schwirrte er davon.

Heute lief Paule nicht zur Umkleidekabine. Er hüpfte vor lauter Freude.

Als er dort ankam, hatte bereits die große Pause begonnen. Und wer stand da so eingebildet im Türrahmen? Richtig, sein großer Bruder Micha. „Na, mein kleiner, dummer Dotschkopf, soll ich schnell zum Sekretariat sputen und den Verbandskasten holen? Hihi."

„Blablabla, du blöder Wuschelkopf, zisch ab. Ich war der Beste heute, ätsch", konterte Paule.

„Ja nee, ist klar", sagte Micha. „Und ab morgen können Schweine fliegen." „Ach!", antwortete Paule fix, „Wachsen dir etwa schon Flügel?" Grinsend, weil er es Micha endlich mal so richtig gezeigt hatte, verschwand er in der Kabine.

In der großen Pause standen seine Mitschüler zusammen und tuschelten. Paule war klar, dass es mal wieder um ihn ging, aber diesmal fühlte sich das richtig gut an.

An diesem Tag lief Paule pfeifend und gut gelaunt nach Hause.

Dort erzählte er seiner Mutter voller Stolz, was geschehen war.

Seine Mama strahlte und freute sich mit ihm. Zur Belohnung bekam er ein extragroßes Eis nach dem Essen.

Später als er schon im Bett lag, schwirrte Mombel noch einmal herein.

„Ja, da hast du recht", sagte Paule glücklich. „Ich danke dir vielmals. Du bist das allerbeste Gespenst auf der ganzen Welt.

Ende

Anmerkung:

Bisher war ich der Meinung, dass ich nicht zeichnen kann. Außer ein paar krummen Figuren brachte ich nichts Gescheites zustande. Während ich dieses Buch schrieb, wurde mir bewusst, dass ich auch selbst mal „Mut" haben muss, etwas Neues auszuprobieren. Also habe ich den Mombel und den Paule selbst gezeichnet, denn meine Geschichte brauchte ja Gesichter. ☺

Mit diesen Figuren wurde Mombel 2014 veröffentlicht. Dann lernte ich die liebe Ines Gölß, Illustratorin aus Österreich, kennen. Sie zeichnet für ihre eigenen Bücher und auch für viele andere Autoren. Nun hat sie auch die Bilder für meinen Mombel gezeichnet und das Buch damit perfekt gemacht.

Mehr über die liebe Ines, die nicht nur wundervolle Kinderbücher illustriert, sondern auch selbst schreibt erfahrt ihr hier: ines-goelss-zauberbuch.com

Mombel ist abgeleitet von dem alten deutschen Namen „Mombert", der so viel bedeutet wie Geist/Gedanke/Wille.

Dein persönlicher Mombel:

Schneide dir deinen persönlichen Mombel aus!

Über die Autorin:

Beate Geng wurde 1967 in Freiburg i.Br. geboren, wo sie auch heute wieder lebt. Dazwischen hat sie einige Jahre im Landkreis Karlsruhe und in der Eifel verbracht.

Sie ist Mutter von drei Kindern. Geschichten zu erfinden, begeistert sie schon seit ihrer Schulzeit.

Zu diesem Buch wurde sie inspiriert, weil ihr jüngster Sprössling nicht gerne las. Er behauptete immer, er könnte das nicht so gut. Außerdem fand er Bücher langweilig …

Ein weiteres Kinderbuch der Autorin:

Piku

Ein Eisbär im Schwarzwald

Buchbeschreibung:

Normalerweise leben Eisbären rund um den Nordpol. Piku aber nicht, der wohnt im Schwarzwald, dem höchsten Mittelgebirge im Südwesten Deutschlands. Piku ist kein gewöhnlicher Eisbär. Er hat nämlich Zauberkräfte und wurde von Mombel in den Schwarzwald geschickt. Sein Fell ist lila-blassblau und voller Glitzersterne. Diese Sterne verleihen ihm die Macht, den Tieren des Waldes zu helfen. Die Tiere müssen den bösen Waldgeist „Fiesebert" schnappen, denn der droht, den Waldfrieden zu zerstören.

... In Kürze im Kelebek-Verlag erhältlich!

Danksagung:

Ein herzliches Dankeschön an meine Lektorin Carolin Olivares Canas, meine Illustratorin Ines Gölß und an meine Verlegerin Maria Schenk. Sie alle machten es möglich, dass der Mombel nun im perfekten Licht geistern kann!

Beate Geng